어린이&어른 두뇌 트레이닝
서로 다른 그림 찾기

어린이&어른 두뇌 트레이닝 **신나는 서로 다른 그림 찾기**

ⓒ 도서출판 창, 20210

2021년 1월 2일 1쇄 인쇄
2021년 1월 8일 1쇄 발행

기획 | 미래두뇌계발연구부
감수 | 강주현
펴낸이 | 이규인
편집 | 최미라
펴낸곳 | 도서출판 창
등록번호 | 제15-454호
등록일자 | 2004년 3월 25일
주소 | 서울특별시 마포구 대흥로 4길 49, 1층(용강동 월명빌딩)
전화 | (02) 322-2686, 2687   **팩시밀리** | (02) 326-3218
홈페이지 | http://www.changbook.co.kr
e-mail | changbook1@hanmail.net

ISBN 978-89-7453-449-3 (73650)

정가 12,000원

· 이 책의 저작권은 〈도서출판 창〉에 있습니다. 저작권법에 의해 보호를 받는 저작물이므로 무단 전재와 복제를 금합니다.
· 잘못 만들어진 책은 〈도서출판 창〉에서 바꾸어 드립니다.

차례

1장 서로 다른 그림 찾기   5

2장 숨은 그림 찾기   67

3장 퍼즐 조각 맞추기   91

4장 그림자 찾기   115

1장
서로 다른 그림 찾기

서로 다른 열한 곳을 찾으세요.

A 서로 다른 열 곳을 찾으세요.

A 서로 다른 **열 곳**을 찾으세요.

A 서로 다른 **열 곳**을 찾으세요.

서로 다른 그림 찾기 13

A 서로 다른 열 곳을 찾으세요.

A 서로 다른 **열 곳**을 찾으세요.

A 서로 다른 열 곳을 찾으세요.

A 서로 다른 열 곳을 찾으세요.

A 서로 다른 **열 곳**을 찾으세요.

A 서로 다른 열 곳을 찾으세요.

A 서로 다른 여덟 곳을 찾으세요.

A 서로 다른 **여덟 곳**을 찾으세요.

서로 다른 일곱 곳을 찾으세요.

A 서로 다른 **다섯 곳**을 찾으세요.

서로 다른 그림 찾기

서로 다른 **다섯** 곳을 찾으세요.

A 서로 다른 **다섯 곳**을 찾으세요.

B

36 서로 다른 그림 찾기

서로 다른 **다섯 곳**을 찾으세요.

A 서로 다른 여섯 곳을 찾으세요.

B

서로 다른 **여섯 곳**을 찾으세요.

A 서로 다른 **여섯 곳**을 찾으세요.

서로 다른 **여덟** 곳을 찾으세요. A

B

서로 다른 그림 찾기 41

A 서로 다른 **여섯 곳**을 찾으세요.

B

서로 다른 **여덟** 곳을 찾으세요.

A 서로 다른 **열 곳**을 찾으세요.

A 서로 다른 열 곳을 찾으세요.

PARIS FRANCE

Paris is the capital of France, its economic and cultural center. It's situated in the north part of central France at the bank of the river Seine. Paris is considered to be one of the most beautiful cities in the world,

PARIS
l'amour
MODE

and it is certainly the most romantic. The city is full of sights and tourist attractions, including charming architecture, numerous bridges and squares. There are more than 130 museums and 1800 historic places there. Perhaps the most famous and visited sight is the Eiffel Tower. It is not only the symbol of Paris but of the whole country.

Bonjour

VOYAGE

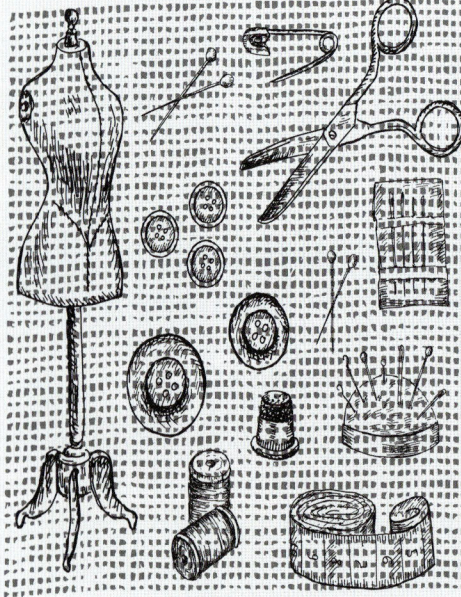

PARIS FRANCE

Paris is the capital of France, its economic and cultural center. It's situated north part of central France at the bank of the river Seine. Paris is considered to be one of the most beautiful cities in the wo

PARIS
lamour
MODE

and it is certainly the most romantic. The city is full of sights and tourist attractions including charming architecture, numerous bridges and squares. There are more than 130 museums and 1800 historic places there. Perhaps the most famous and visited sight is the Eiffel Tower. It is not only the symbol of Paris but of the whole country

Boujour

VOYAGE

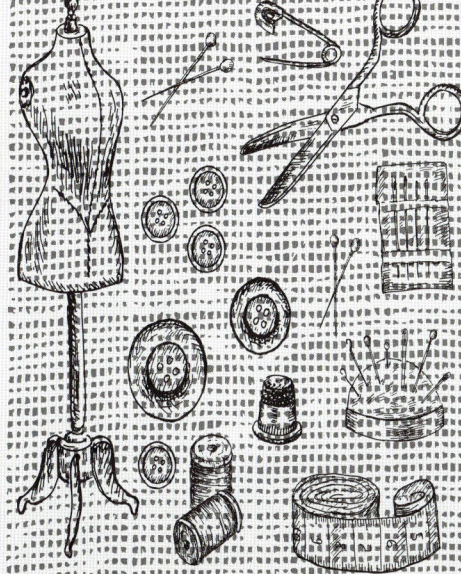

A 서로 다른 열 곳을 찾으세요.

A 서로 다른 **열 곳**을 찾으세요.

서로 다른 **열 곳**을 찾으세요.

서로 다른 그림 찾기 53

A 서로 다른 열 곳을 찾으세요.

A 서로 다른 **열 곳**을 찾으세요.

서로 다른 **열 곳**을 찾으세요.

A 서로 다른 **열 곳**을 찾으세요.

서로 다른 그림 찾기 b

서로 다른 **열 곳**을 찾으세요.

정답

P6–7

P8–9

P10–11
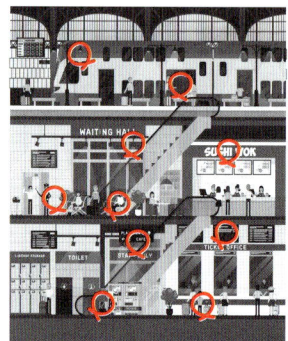

P12–13
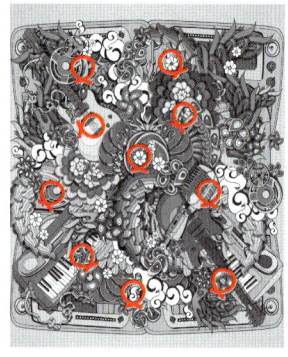

P14–15

P16–17
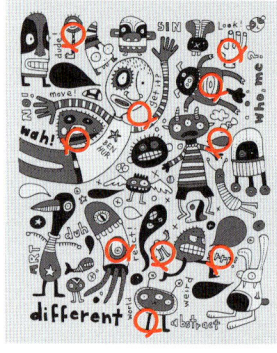

P18–19

P20–21

P22–23
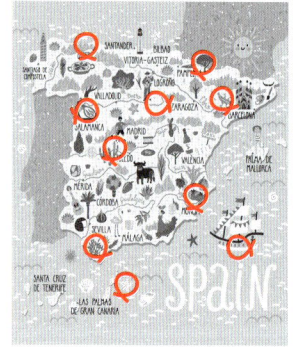

P24–25
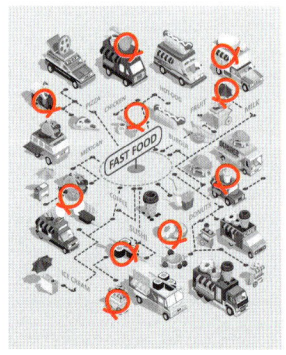

P26–27

P28–29

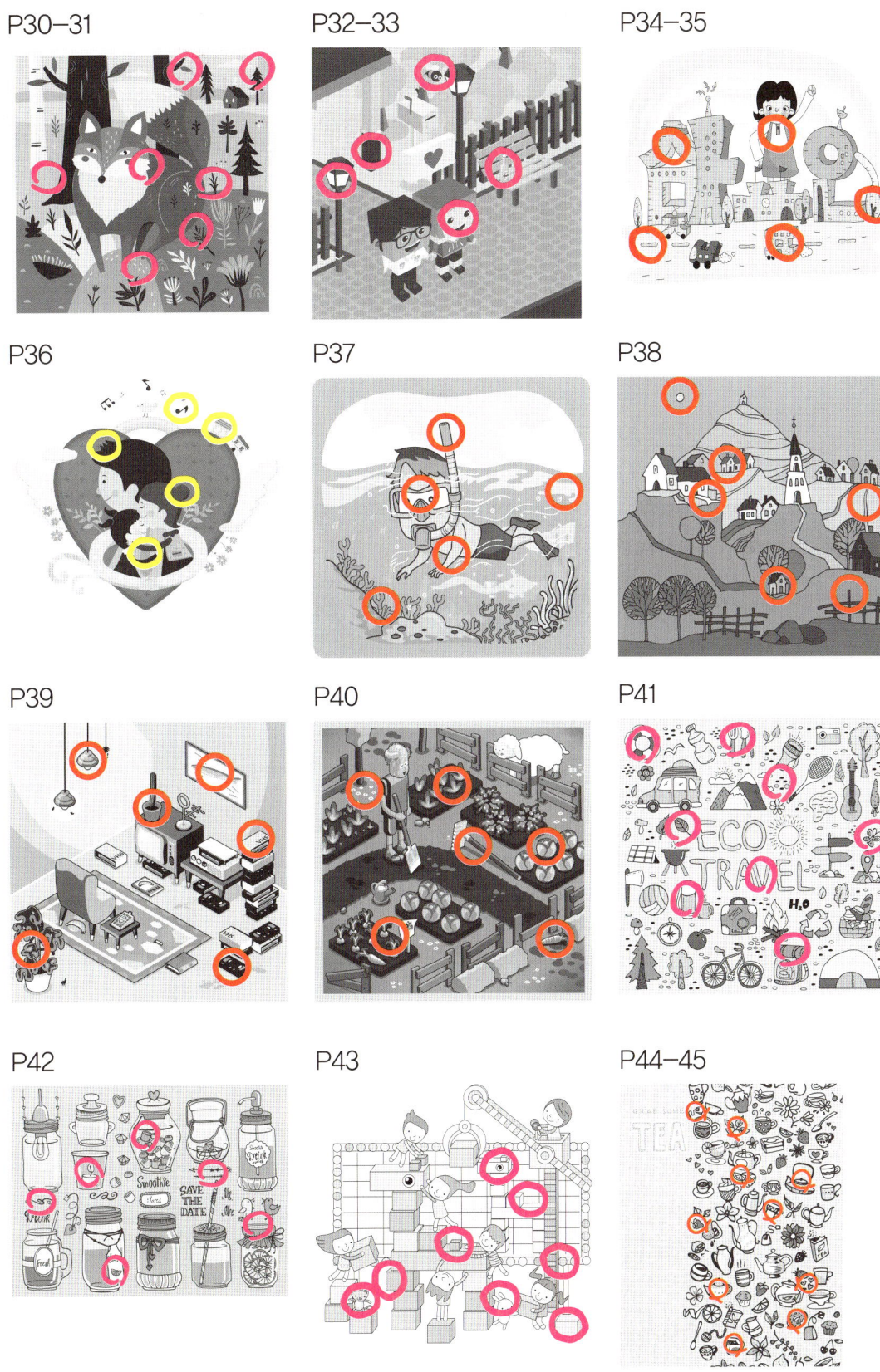

정답

P46-47

P48-49
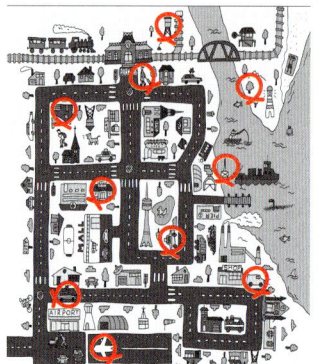

P50-51
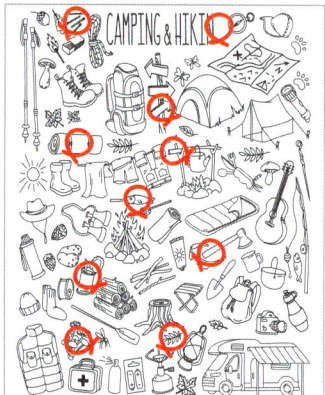

P52-53
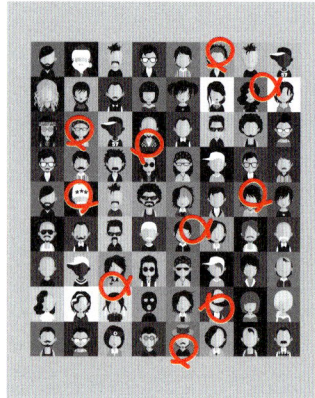

P54-55

P56-57

P58-59
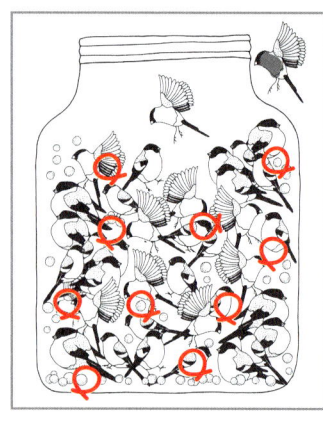

P60-61

P62-63

66 서로 다른 그림 찾기

2장
숨은 그림 찾기

Trevi Fountain, Rome

숨은 그림

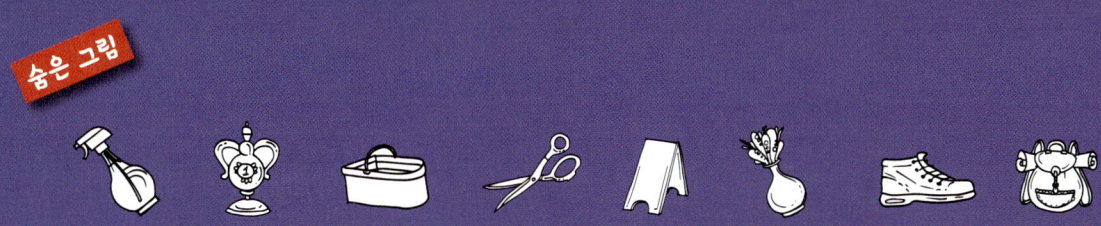

숨은 그림 찾기 71

숨은 그림

Edinburgh, UK

숨은 그림

숨은 그림 찾기 73

숨은 그림

Venice

74 숨은 그림 찾기

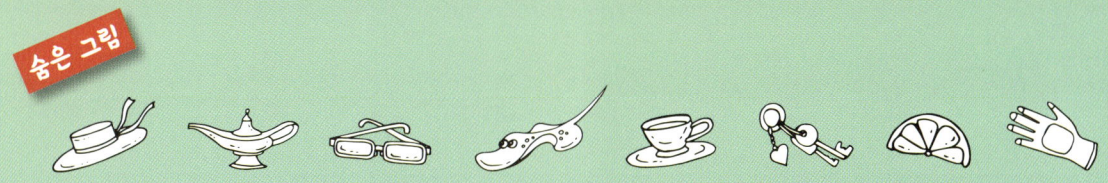

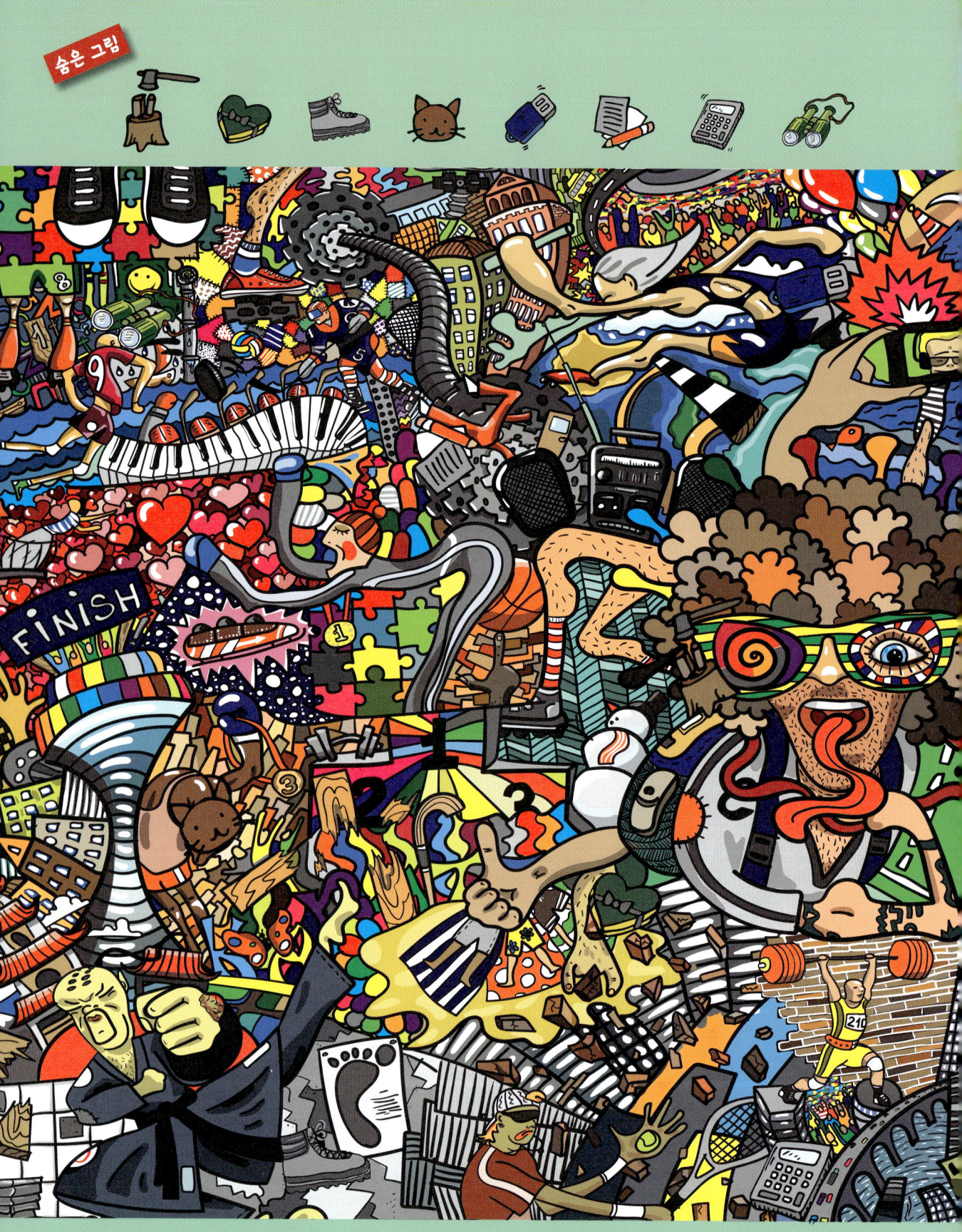

숨은 그림

숨은 그림

정답

P80

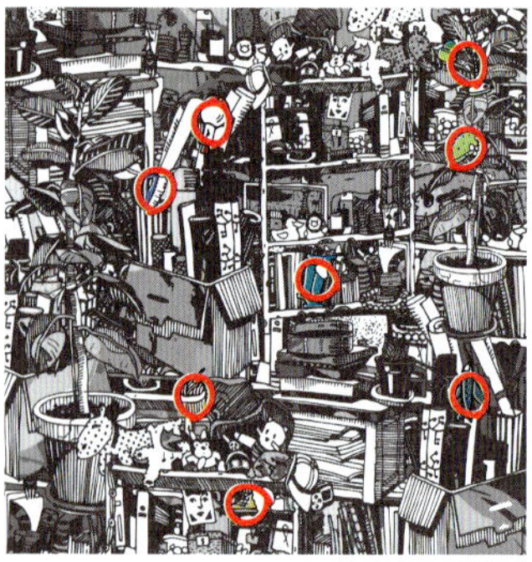

P81

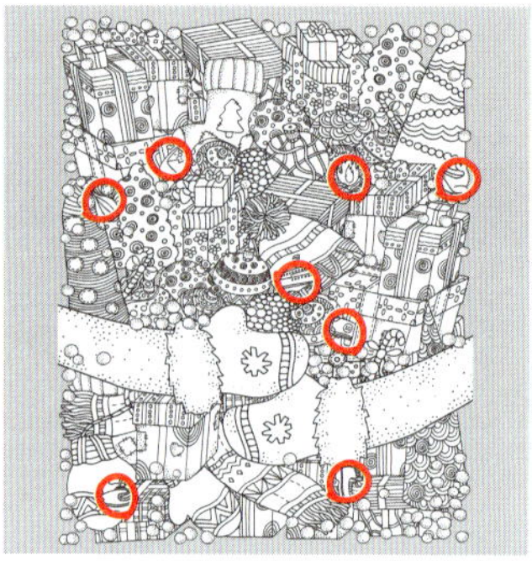

P82

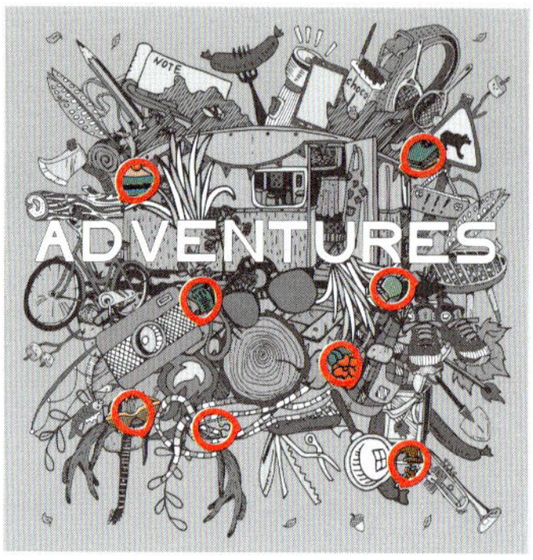

P83

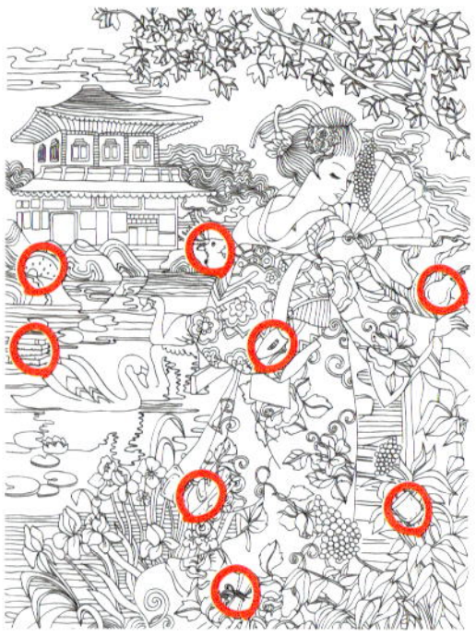

P84

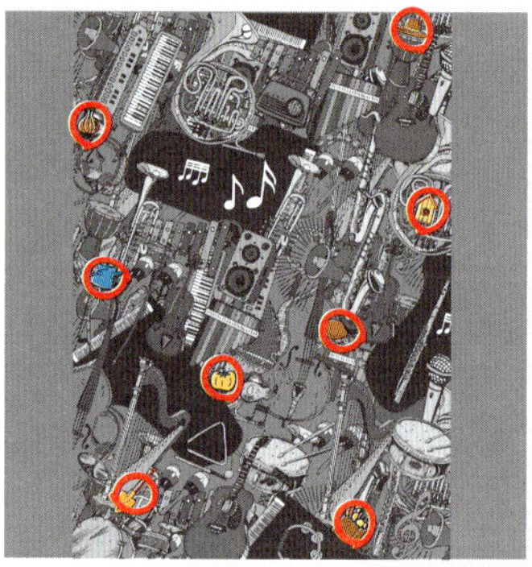

P85

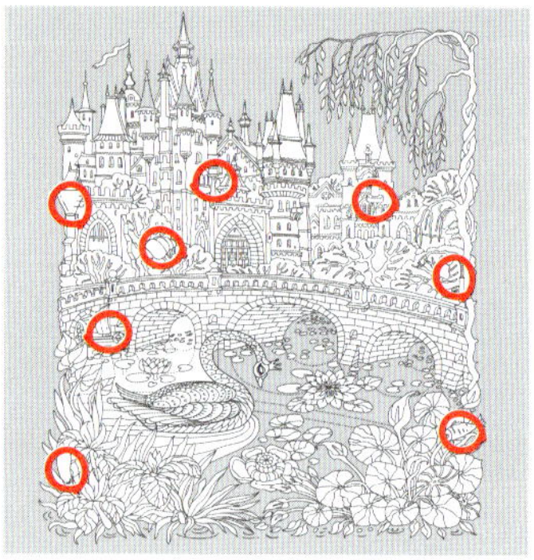

P86

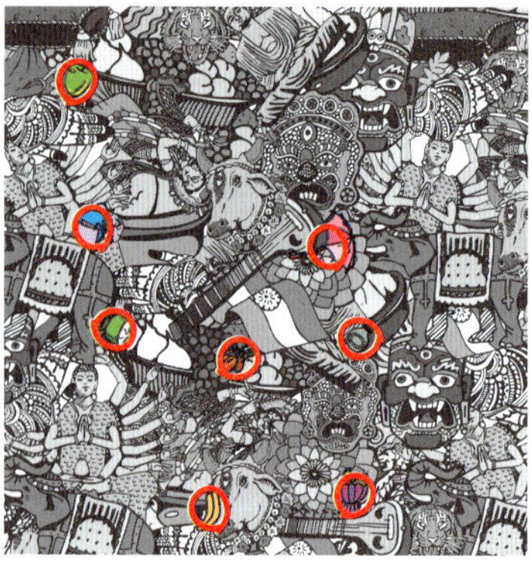

P87

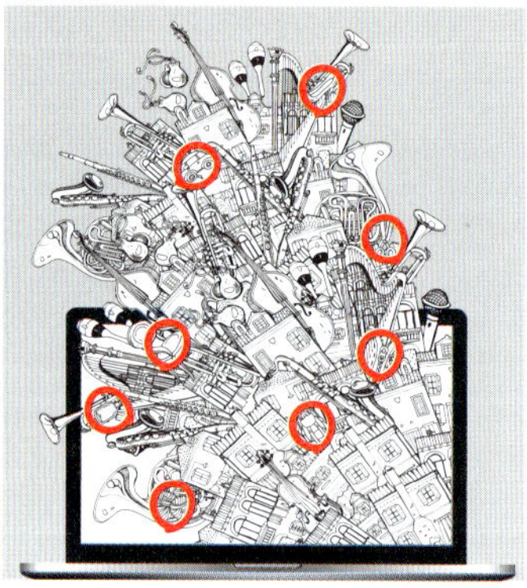

P88

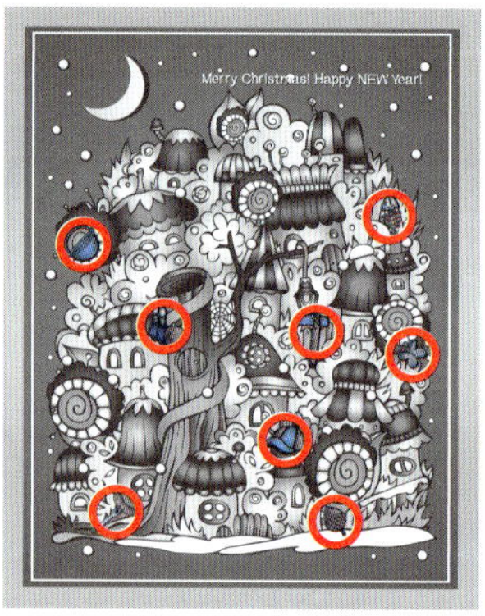

3장
퍼즐 조각 맞추기

퍼즐 조각 맞추기 101

104 퍼즐 조각 맞추기

SOME PEOPLE LIKE DOGS!

퍼즐 조각 맞추기 109

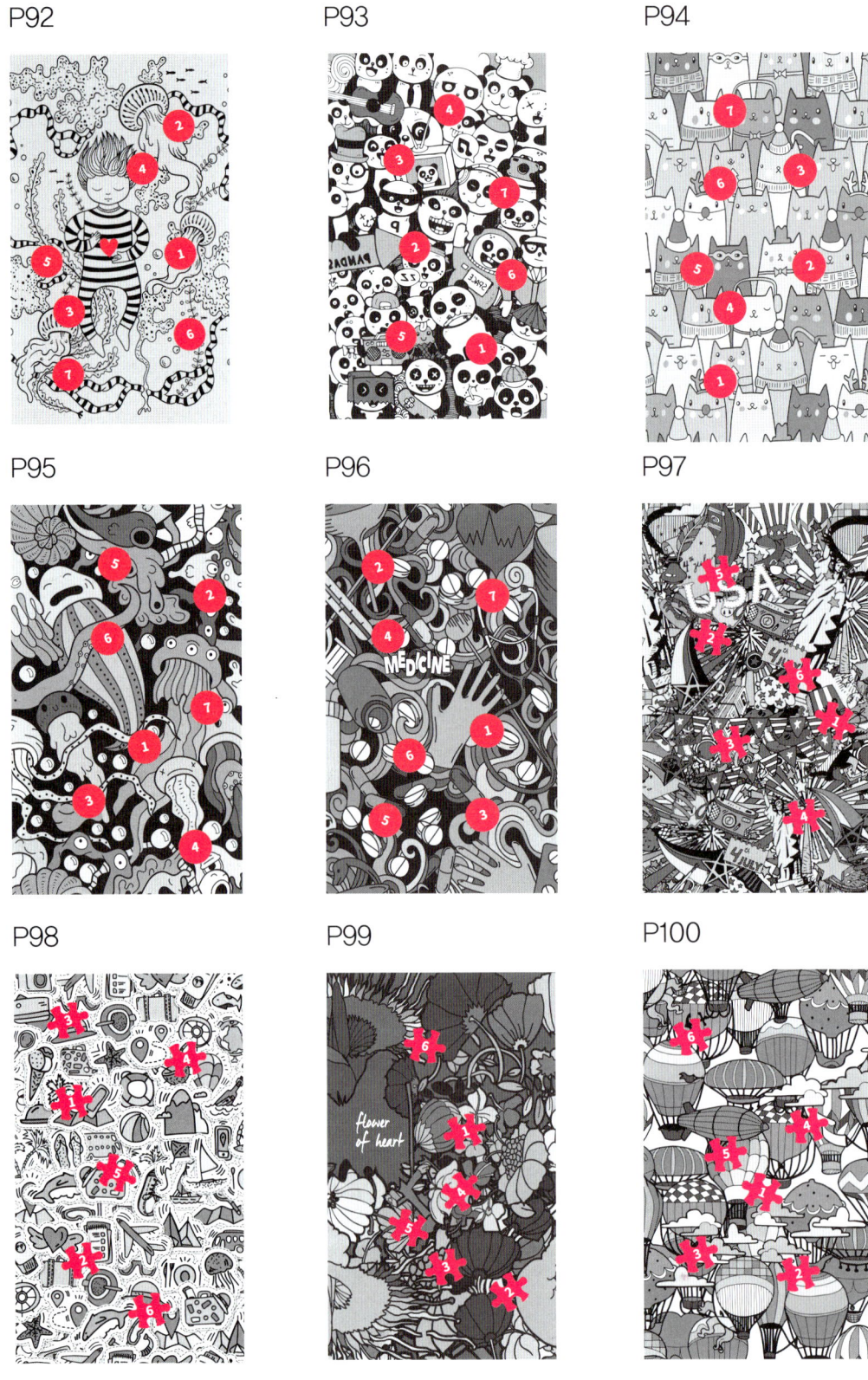

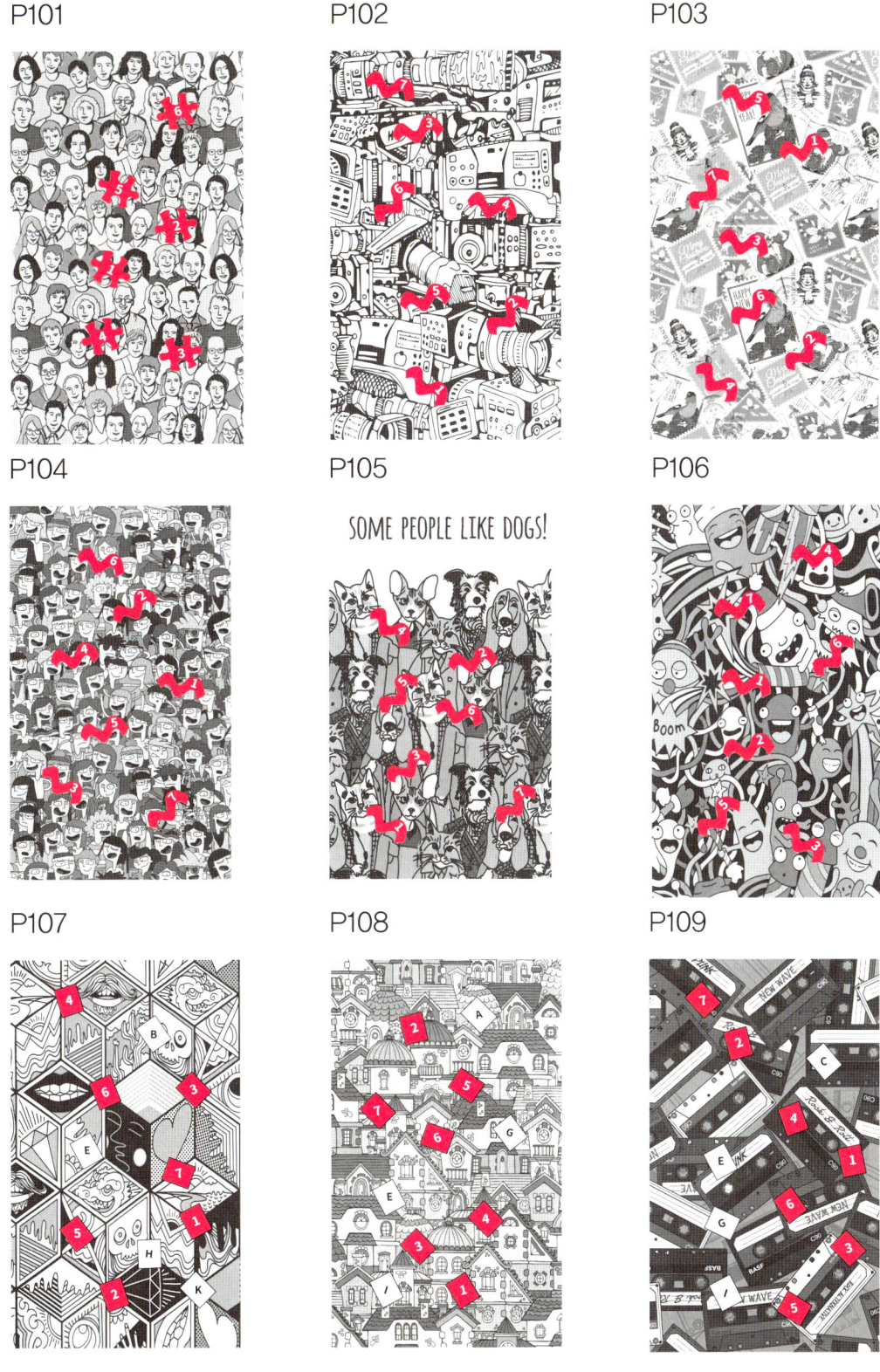

P110

P111

4장
그림자 찾기

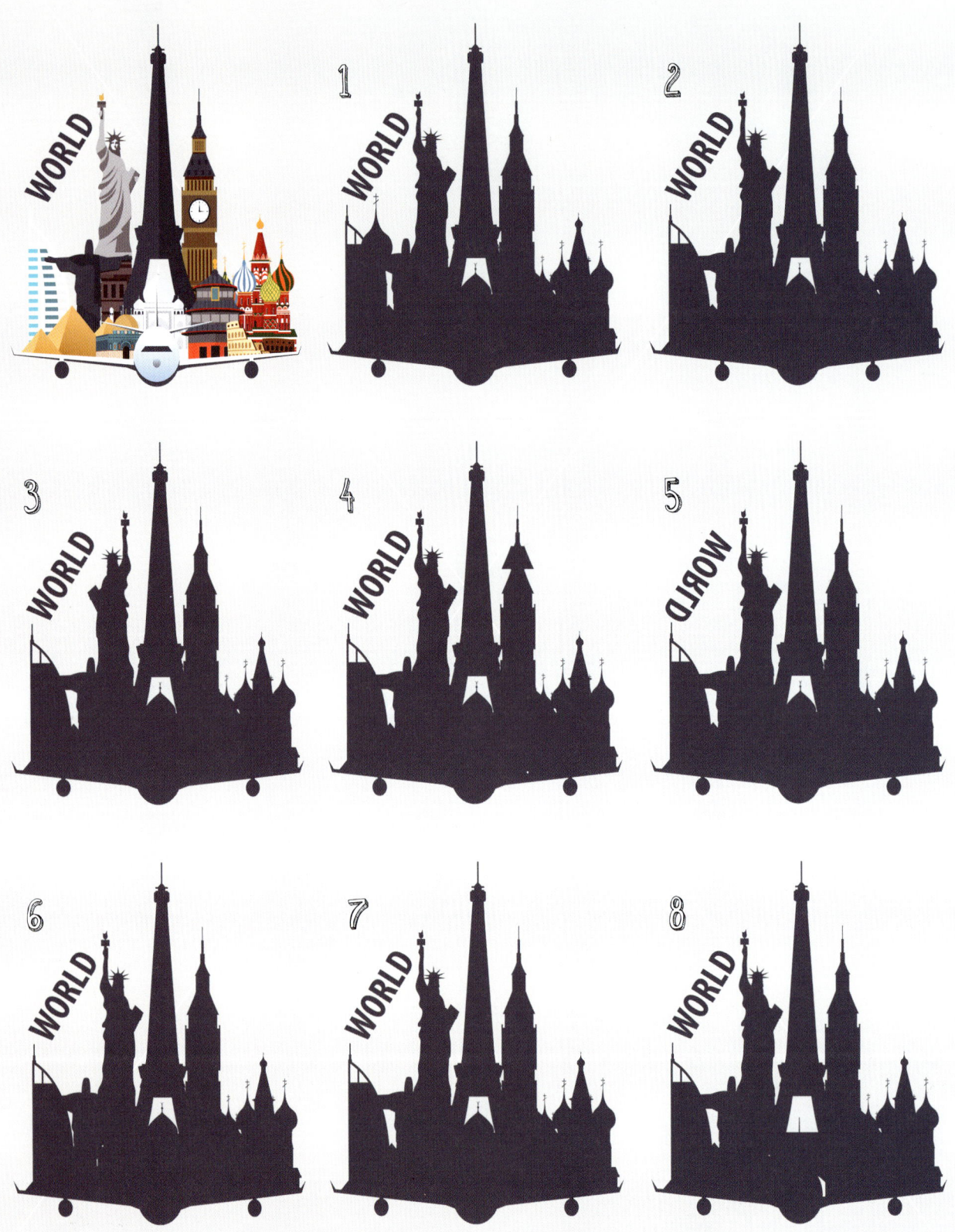

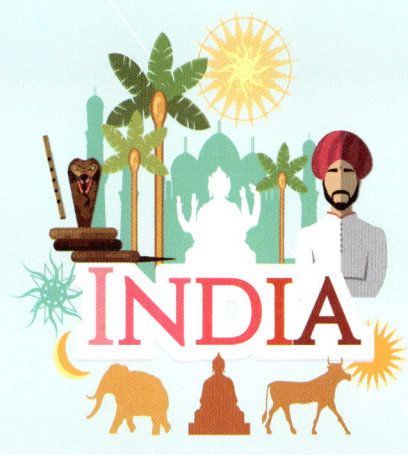

그림자 찾기 117

TRAVELING!

1
TRAVELING!

2
TRAVELING!

3
TRAVELING!

4
TRAVELING!

5
TRAVELING!

6
TRAVELING!

7
TRAVELING!

8
TRAVELING!

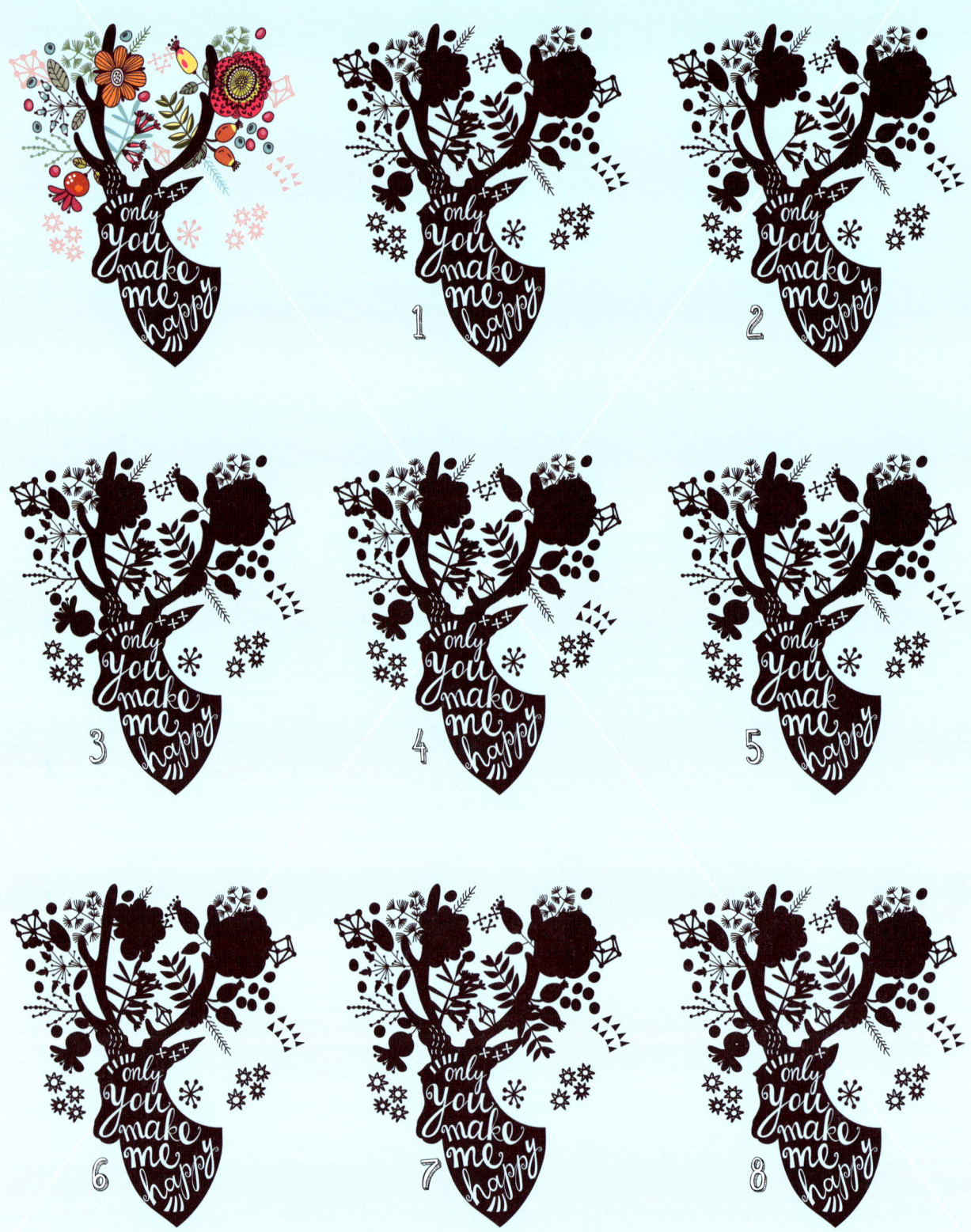

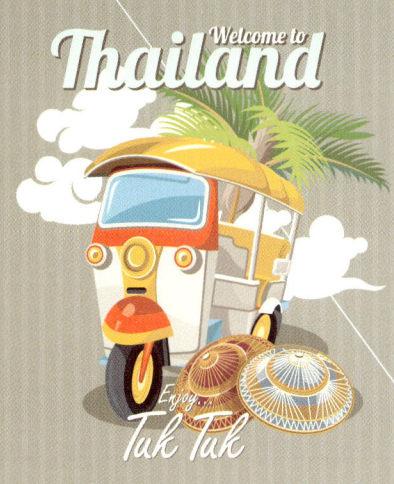

그림자 찾기 121

1

2

3

4

5

6

7

8

그림자 찾기 125

 정답

P116 P117  P118

P119 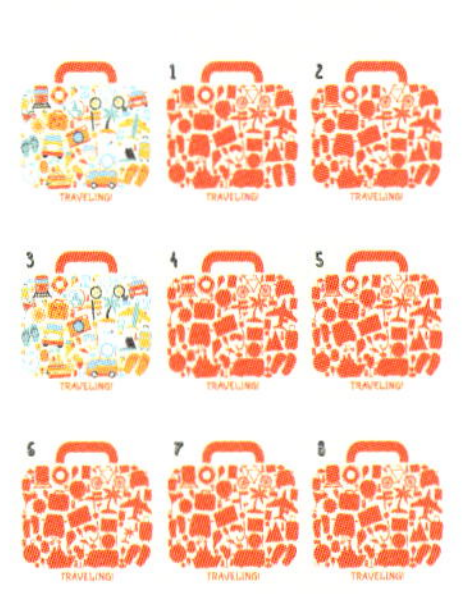 P120 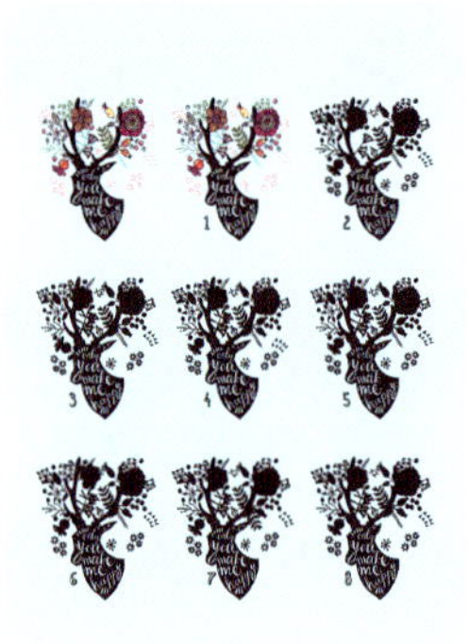 P121

P122  P123  P124

P125  P126  P127